生物多様性

❶ 生物多様性を知ろう

企画　電通ダイバーシティ・ラボ

はじめに

生物多様性ってなんだろう

生物多様性という言葉を聞いたことがありますか？

英語ではバイオダイバーシティ（Biodiversity）と言い、生きものたちの豊かな個性とつながりのことです。

地球上には、人間だけでなく多くの動物や植物などの生きものがいます。そしてそれらの生活の場である環境もさまざまです。

生物多様性は気候変動とともに、持続的な社会の未来に関わる大切な課題です。このシリーズでは、衣食住に関する生物多様性に注目しました。

ポリエステルとコットンの服の違いはなんだろう。
おいしい肉や魚、野菜はどのように育てられているのだろう。
快適な家や、暮らしやすい町の条件はなんだろう。

あなたが毎日着る服、食べるもの、住んでいるところ。それぞれに生物多様性の課題があります。生物多様性について知り、衣食住の身近な課題について考え、行動できるよう、この本で一緒に考えていきましょう。

もくじ

1 生物多様性を知る

2 生態系サービスとは

生物多様性の課題

せい かだい

1 生物多様性を知る

40億年という長い歴史の中で、地球上の生きものはさまざまな環境に適応して進化してきました。そして、3000万種とも言われる多様な生きものが生まれました。

動物、植物から微生物まで、ひとつひとつの生命に個性があり、全て直接・間接的に支えあって生きています。

生物多様性とは、このような生きものたちの豊かな個性とつながりのことです。

参照：環境省ホームページ

言葉の認知度

生物多様性という言葉の認知度＊も少しずつ上がってきています。2022（令和4）年、生物多様性の言葉の意味を知っていた人は約3割（29.4%）、聞いたことがある人を合わせると約7割（72.6%）となっています。

「生物多様性」という言葉を知っていますか？（%）

	意味を知ってる	聞いたことがある	聞いたこともない
平成21（2009）年	12.8	23.6	61.5
平成26（2014）年	16.7	29.7	52.4
令和1（2019）年	20.1	31.7	47.2
令和4（2022）年	**29.4**	**43.2**	26.5

出典：内閣府（2022）「生物多様性に関する世論調査」

言葉の認知度は高まっている！

＊ 認知度　名前だけでなく内容まで知っている人の割合のこと

生態系・種・遺伝子の多様性

地球上でおたがい関わりあって生きているさまざまな生きものと、それらが生きる自然環境を合わせて、生態系と言います。

生物多様性条約（→ P30）では、生態系の多様性・種の多様性・遺伝子の多様性という 3 つのレベルで多様性があるとしています。

自然環境には、森や林、里地里山、川、湿原、干潟やサンゴ礁などさまざまな種類があります。

種とは、生物分類上の基本単位で、動物、植物から細菌などの微生物まで、さまざまな生きものがいます。同じ種でも、遺伝子が違えば、形や模様、生態にさまざまな個性があります。

生物多様性がなくなると、環境・気候変動への影響、人間の健康、経済への影響など、さまざまな問題が起きます。

生物多様性のある持続可能な社会のために、ひとりひとりができることを考えてみましょう。

生態系の多様性

山、川、海、干潟、ブナ林、
サンゴ礁などのさまざまな自然環境

種の多様性

動物、植物、昆虫、微生物などの
さまざまな生きもの

遺伝子の多様性

同じ種でも色、形、模様、生態などに
さまざまな個性

出典：環境省ホームページ

● 生態系の多様性

地球上には、森林や草原、里地里山、河川や湿原、干潟やサンゴ礁など、さまざまなタイプの自然があります。さまざまな生態系が存在することを、生態系の多様性と言います。

日本各地には、9万種以上の生きものがいます。日本は南北に細長く、海から山までの高低差が大きな国です。春夏秋冬の四季の変化も特徴的です。北海道の釧路湿原は、国の特別天然記念物のタンチョウをはじめ、多くの動植物の貴重な生息地となっています。沖縄県の石垣島と西表島の間には、日本最大のサンゴ礁海域があり、多様性豊かな生物が生息しています。

湿原

サンゴ礁

ビオトープ

ビオトープとは、ドイツで生まれた「生物の生息空間」の考え方で、ドイツ語の
ビオ（BIO：生物）と、トープ（TOP：場所）の合成語です。生きものが生息で
きる一定の広がりをもった空間を指します。

都市化などによって失われた生態系を復元し、本来その地域に住む生物が生息で
きるようにしたり、地域に残る空間を保護したりする活動をビオトープ事業と言い
ます。国や自治体、学校や企業から、家庭の庭やベランダまで、さまざまな取り
組みがあります。

● 種[しゅ]の多様性[せい]

世界中にはさまざまな動物や植物、細菌[さいきん]などの微[び]生物が存在[そんざい]します。種[しゅ]とは、このような生物の分類[ぶんるい]上の基本単位[きほんたんい]です。生物の種[しゅ]の間にさまざまな違い[ちが]があることを、種[しゅ]の多様性[せい]と言います。

トキの学名は、Nipponia nippon（ニッポニアニッポン）です。日本を象徴[しょうちょう]する鳥と言われることもありますが、明治[めいじ]時代に羽毛をとるために乱獲[らんかく]され、その数が激減[げきげん]しました。昭和以降[いこう]も、森林の伐採[ばっさい]で繁殖[はんしょく]地が減[へ]ったり、農薬の多用で餌[えさ]となる動物が減[へ]ったり、山間部の水田が減[へ]ったりすることでトキの数も減少[げんしょう]していました。近年は、保護[ほご]の取り組みによってトキの数が回復[かいふく]してきました。

トキのような希少種[きしょうしゅ]は、生息数が少なく、生息・生育地が局所的で孤立しているなどの特徴[とくちょう]があり、配慮[はいりょ]する必要[ひつよう]があります。

参照[さんしょう]：環境省[かんきょうしょう]ホームページ

12

ワシントン条約

ワシントン条約は、正式名称を「絶滅のおそれのある野生動植物の種の国際取引に関する条約（Convention on International Trade in Endangered Species of Wild Fauna and Flora）」と言います。

輸出国と輸入国とが協力して国際取引の規制を行うことで、野生動植物種の絶滅を防止し、それらの種を守っていくことを目的とした条約です。

● 遺伝子の多様性

生物の同じ種の中でさまざまな違いがあることを、遺伝子の多様性と言います。それによって、形や模様、生態などに個性が生まれます。

遺伝子はからだの設計図とも言われ、ヒトという同じ種の中でもだれひとり同じ人間がいないように、ひとつとして同じ遺伝子はありません。同じ生物でも見かけにほとんど違いがなくても、遺伝子はそれぞれ違います。

ナミテントウにはさまざまな色や模様があることで有名です。種として持つ遺伝子の種類が多いほど、遺伝子の多様性が高いと言います。

外来種

外来種とは、もともとその地域にいなかったのに、人間の活動によって他の地域から入ってきた生物のことです。アメリカザリガニやシロツメクサのように、身近な生物もたくさんあります。

しかし、外来種の中には、持ち込まれた土地の生態系や人体、農作物への悪影響を起こすものもあります。外来種による被害を予防するためには、「入れない・捨てない・拡げない」という三原則が大切です。

外来種を

1. むやみに日本に「入れない」
2. 飼育・栽培してるものを「捨てない」
3. すでに野外にいてもそれ以上「拡げない」

参照：環境省ホームページ

2 せいたいけい
生態系サービスとは

みなさんは、山登りで空気のおいしさを感じたり、海や川で泳いだり釣りをしたりして、自然の魅力を感じたことはあるでしょうか。あるいは、暑い夏の日や凍えるような寒さの冬に、季節に合った服や断熱・防寒された家の中で、心地よく過ごせていると感じたことはあるでしょうか。

全国の地域ごとの伝統文化や豊かな自然といった、衣食住をはじめとする私たち人間の生活は、生物多様性の恵みによって支えられています。**このような生態系からの恵みは、生態系サービスと呼ばれます。**

生態系サービスは、「基盤サービス」、「供給サービス」、「文化的サービス」、「調整サービス」の4つに分類されます。

❶ 基盤サービス

生きものが生みだす
大気や水、豊かな土壌

❷ 供給サービス

食べ物や紙製品、
医薬品など暮らしの基礎

❸ 文化的サービス

自然と一体になった
地域色豊かな伝統文化

❹ 調整サービス

豊かな森林や河川など
自然に守られる暮らし

出典：環境省ホームページ

① 基盤サービス

基盤サービスとは、生きものが生みだす大気や水、豊かな土壌などのことです。

森林の植物は光合成によって酸素を生み出し、川は山と海をつないで水を循環し、気温や温度の調節を行い、それぞれの場所で生きものの暮らしが営まれています。

出典：環境省ホームページ

調べてみよう

身近な基盤サービス

白神山地は、青森県から秋田県にまたがる山地帯の総称です。ユネスコ世界遺産であり、広大なブナ天然林が特徴です。

日本全国の有名な基盤サービスには、他にどんなものがあるでしょうか。また、あなたの町の身近な基盤サービスを調べてみましょう。

出典：東北森林管理局ホームページ

② 供給サービス
きょうきゅう

供給サービスとは、食べ物や紙製品、医薬品など暮らしの基礎となるものです。

野菜や肉、木材など直接的な恵みだけでなく、植物成分から作られる医薬品、生きものの生態や遺伝的な情報なども、暮らしを支えています。

バイオミミクリー（生物模倣）とは、「生きものの真似」という意味です。自然界の動植物の形態や機能を真似したり、ヒントを得ることで、暮らしのさまざまな問題の解決や、技術革新につながることがあります。

出典：環境省ホームページ

調べてみよう

バイオミミクリー

有名なバイオミミクリーに、カワセミのくちばしにヒントを得て設計された 500
系新幹線があります。トンネル通過時の騒音と空気抵抗を減らしています。

身近なバイオミミクリーの事例を調べてみましょう。

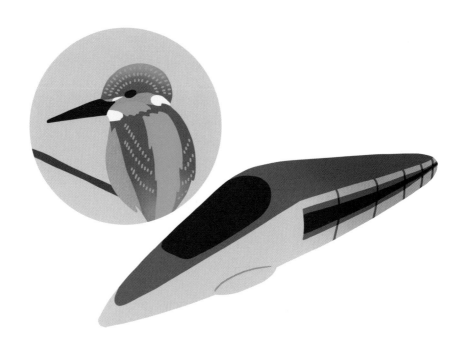

③ 文化的サービス

文化的サービスとは、自然と一体になった地域色豊かな伝統文化などのことです。

山が多く海に囲まれ、南北に細長く四季の変化のある日本は、自然から地域色豊かな行楽や観光の機会がもたらされています。

海があれば海水浴、川があれば川遊び、釣りや潮干狩りなどの行楽が生まれます。山があれば登山、花見や紅葉狩りなど、四季折々のレクリエーションが楽しめます。

出典：環境省ホームページ

調べてみよう

伝統文化

伝統文化のひとつである塩作りは、生命の維持に欠かせない塩を海水から取り出す技術です。日本全国の沿岸各地で、それぞれ特徴のある塩が生み出されています。

あなたの町の文化的サービスである伝統文化を調べてみましょう。

④ 調整サービス

調整サービスとは、豊かな森林や河川など暮らしを守る自然のことです。

山や森林、河川を守ることは、安全な水の確保につながるだけでなく、土砂災害や洪水、大気汚染や騒音などを減らし、安心できる暮らしの環境を整えることにつながります。

沖縄県などの海岸に生息するマングローブ林やサンゴ礁には、津波による被害を減らす防災の役割があります。

出典：環境省ホームページ

マングローブ林

サンゴ礁

考えてみよう

緑のダム

森は「緑のダム」とも呼ばれ、洪水や渇水を和らげる水量調節の機能だけでなく、人工的なダムではできない水質浄化の機能があると言われます。

「緑のダム」と人工的なダムの違いには、ほかにどのような点があるでしょうか。生物多様性に着目して、考えてみましょう。

3 生物多様性の課題

生きもののつながりの中の偏り：過剰な人類と地球

地球の環境とそこに住む生きものを考える時、生物多様性と気候変動の課題は密接な関係にあります。いずれも人間が地球の資源を持続可能な形で消費するようにしない限り、危機が続きます。

二酸化炭素の発生が増え、地球温暖化が加速すれば、生物多様性が損なわれます。異常気象が続けば、生態系が乱れ、消滅する種も増えます。

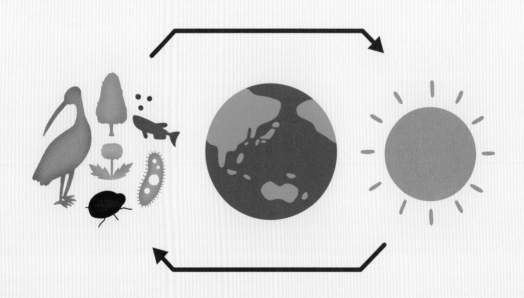

約 1 万年前、地球上の動物の数は、1％の人間と 99％の野生動物という割合でした。人口が爆発的に増えた現在は、32％の人間と 1％の野生動物という割合です。残りの 67％は家畜、つまり人間のために存在する動物です。地球上の野生動物の存在は、危機的な状況にあるのです。

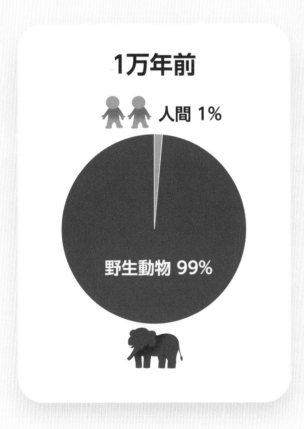

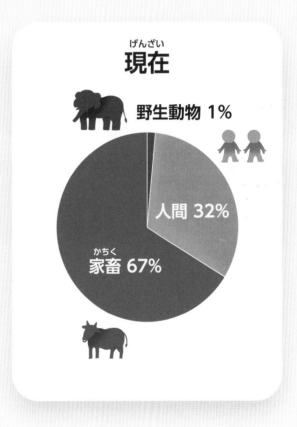

出典：POPULATION MATTERS

生物多様性ホットスポット

生物多様性ホットスポットとは、地球上で、生物学的に特別豊かでありながら、同時に破壊の脅威にさらされている場所のことです。

国際的環境保護団体「コンサベーション・インターナショナル」は、2023年6月現在、世界で 36 の生物多様性ホットスポットを選定しています。

生物多様性ホットスポットマップ

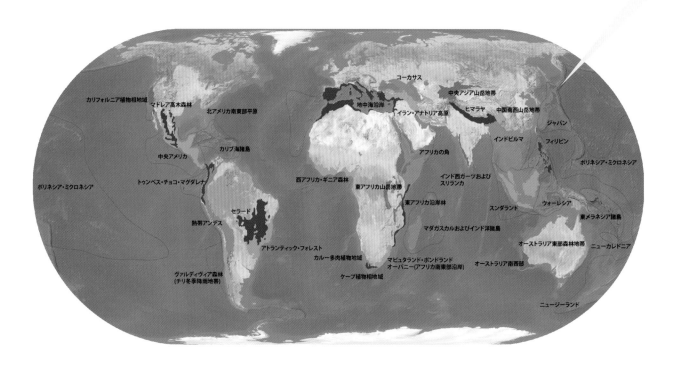

出典：コンサベーション・インターナショナル

日本は、生物多様性ホットスポットのひとつです。

日本は南北に細長く高低差のある島国であり、変化のある気候と豊かな生態系があります。絶滅危惧種の鳥・ノグチゲラや、世界で最も北に生息する猿・ニホンザルなどがいます。

都市開発や外来種の移入などによる自然破壊の影響が深刻です。

また、国際的な貿易、消費による生物多様性損失度を輸入国別、主要48品目の農畜産物別に評価したところ、コーヒー、ココア、パーム油などは、「生物多様性ホットスポット」で生産され、特に生物多様性への影響が大きいことがわかりました。

日本は生物多様性の保全優先度の「極めて高い」地域に食料品の輸入を依存している割合が高く、18.9%でした。これは主に牛肉、コーヒーなどの嗜好品、ゴム、ナッツなどの穀物の輸入が多いためです。

出典：総合地球環境学研究所（2023）

生物多様性条約
せいじょうやく

生物多様性は地球規模の課題です。そのため、国連などで国際的な取り組みが進められています。

1992	2010	2015	2022
地球サミット 生物多様性 条約の採択	愛知目標 (COP10)	SDGs	昆明 モントリオール 目標 (COP15)

生物多様性条約は、地球上のあらゆる生物の多様性を守る包括的な枠組みで、

① 生物の多様性の保全
② 生物資源の持続可能な利用
③ 遺伝資源の利用から生ずる利益の公正かつ衡平な配分

の3つの目的があります。

SDGsの目標「海の豊かさを守ろう」「陸の豊かさも守ろう」

国連のSDGs（持続可能な開発目標：Sustainable Development Goals）は、2030年までに持続可能でよりよい世界を目指す国際目標です。地球上の「誰一人取り残さない（Leave no one behind)」*ことを誓っています。
＊出典：外務省ホームページ

それは人間だけに限らず、海や陸といった地球上のさまざまな生きものについての目標でもあります。

第14目標のテーマは「海の豊かさを守ろう」です。

「持続可能な開発のために、海洋・海洋資源を保全し、持続可能な形で利用する」ために、海や川、湖などの生きものを知り、命や資源を未来に向けて守っていくことが大切です。

第15目標のテーマは「陸の豊かさも守ろう」です。

「陸域生態系の保護、回復、持続可能な利用の推進、持続可能な森林の経営、砂漠化への対処ならびに土地の劣化の阻止・回復及び生物多様性の損失を阻止する」ため、森林や大地の生きものについても知り、考えましょう。

30 by 30（サーティ・バイ・サーティ）

30 by 30（サーティ・バイ・サーティ）とは、2030 年までに生物多様性の損失（せいそんしつ）を食い止め、回復（かいふく）させる（ネイチャーポジティブ）というゴールに向け、**2030 年までに陸（りく）と海の 30%以上（いじょう）を健全（けんぜん）な生態系（せいたいけい）として効果的（こうかてき）に保全（ほぜん）しようとする目標（もくひょう）**です。2022 年 COP15（昆明（こんめい）―モントリオール目標（もくひょう））で設定（せってい）されました。

30 by 30 ロードマップ

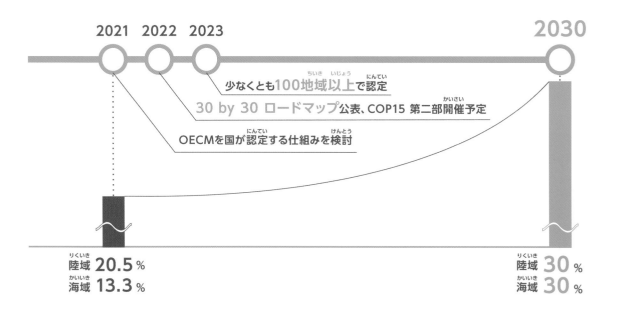

2021　2022　2023　　　　　　　　　　　　　　　　　　　　2030

少なくとも100地域（ちいき）以上（いじょう）で認定（にんてい）

30 by 30 ロードマップ公表、COP15 第二部開催（かいさい）予定

OECMを国が認定（にんてい）する仕組みを検討（けんとう）

陸域（りくいき）**20.5**%
海域（かいいき）**13.3**%

陸域（りくいき）**30**%
海域（かいいき）**30**%

出典（しゅってん）：環境省（かんきょうしょう）ホームページ

OECM

30 by 30 の達成を目指すためには、国が主体となって国立公園などを増やすだけでなく、里地里山や、企業や寺社の林などのように、地域や企業、団体による取り組みも大切になります。

生物多様性の保全が図られている土地を、**OECM（Other Effective area-based Conservation Measures：その他の効果的な地域をベースとする手段）**として国際データベースに登録し、その保全が促進されています。

OECM 認定により期待される効果

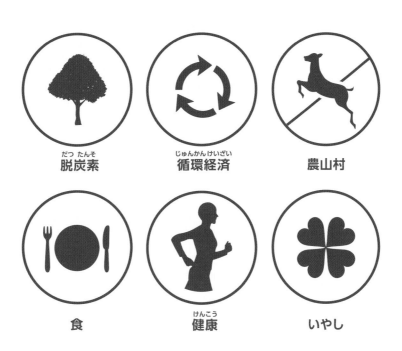

脱炭素　　循環経済　　農山村

食　　健康　　いやし

ネイチャーポジティブ

地球上の生物多様性は減少し続けています。生物多様性の傾向を測る指標「生きている地球指数」は、地球全体で 1970 年から 2016 年の間に、哺乳類、鳥類、両生類、爬虫類、魚類の個体群が平均 68% 低下したことを示しました。
出典：WWF ジャパン (2020)「生きている地球レポート」

ネイチャーポジティブ（自然再興）は、「**2030 年までに生物多様性の損失を食い止め、反転させ、回復軌道に乗せる**」という目標です。2022 年、COP15 で設定されました。

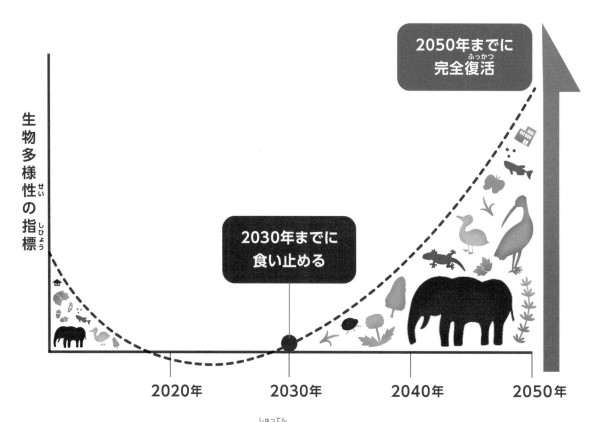

出典：Rockström, J., Locke, H. et al.(2021)

Nature-positive World: The Global Goal for Nature

ネイチャーポジティブのために企業ができることとして、次のことが考えられます。

① 企業が自然や生態系に与えている影響について調べる
② 生物多様性にとってマイナスな影響は減らし、プラスになる取り組みを増やすよう事業を見直す

個人ができることとしては、身の回りの環境だけでなく、暮らしのつながりの先にある自然への影響を考え、自然に対してやさしい取り組みをしている企業を知り、その商品を選ぶことなどが考えられます。

考えてみよう

ひとりひとりにできること

ネイチャーポジティブのために、私たちができる身近な行動について、考えてみましょう。

生物多様性ってなんだろう

生態系サービスってなんだろう

生物多様性の課題はなんだろう

この本では、おもに3つの点について、
一緒に考えてきました。

1　地球上の全ての生きものにはそれぞれ豊かな個性があり、おたがいにつながりあっています。生物多様性は、生態系・種・遺伝子のレベルで存在しています。

2　着るもの、食べるもの、住むところ。生きものの営みは、生物多様性の恵みによって支えられています。生態系サービスは、基盤・供給・文化的・調整の4つのサービスに分類されます。

3　地球上の生物多様性は減少し続けており、気候変動と合わせて国際的な課題となっています。SDGsでも海や陸の豊かさを守ろうといった目標があります。

生物多様性を知り、自分たちの身近な課題として毎日できることを考えていくことが、多様な生きもののひとつであるヒトとして大切です。

やってみよう
生物多様性を知ろう

身近な生物多様性を知り、今日からできることを考えてみましょう。

年　　月　　日（　　）

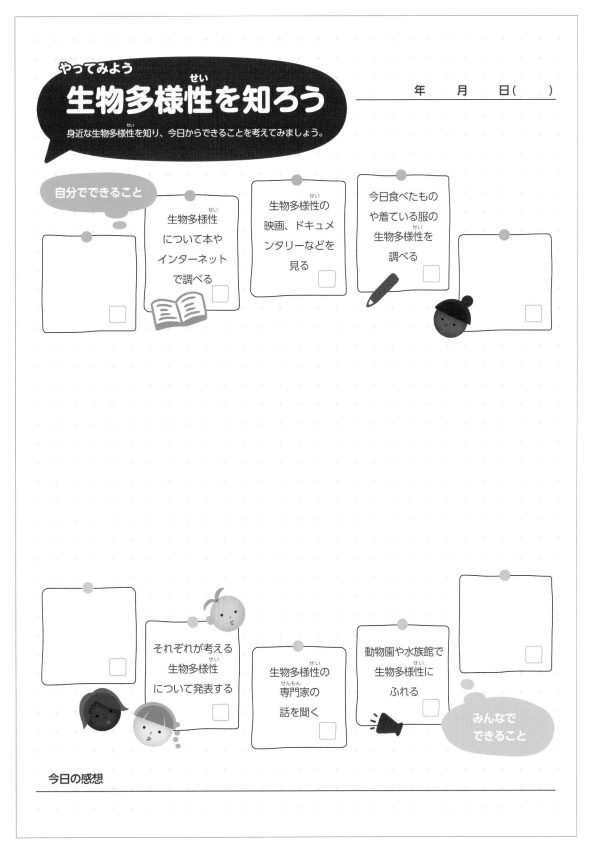

自分でできること

生物多様性について本やインターネットで調べる

生物多様性の映画、ドキュメンタリーなどを見る

今日食べたものや着ている服の生物多様性を調べる

それぞれが考える生物多様性について発表する

生物多様性の専門家の話を聞く

動物園や水族館で生物多様性にふれる

みんなでできること

今日の感想

やってみよう のワークシートがダウンロードできるよ！

さくいん

企画　電通ダイバーシティ・ラボ

増山晶、半澤絵里奈、岸本かほり

株式会社電通でダイバーシティ&インクルージョン領域の調査・分析、ソリューション開発を専門とする組織。2012 年、2015 年、2018 年、2020 年、2023 年と「LGBT 調査（2020 年よりLGBTQ+ 調査に改称）」を実施中。共著に『みんなで知りたいLGBTQ+』全 5 巻（2022）文研出版、『みんなで知りたいダイバーシティ』全 5 巻（2023）文研出版、『図解ポケット ビジネスパーソンが知っておきたい LGBTQ+ の基礎知識』（2022）秀和システムなどがある。

協力　電通 Team SDGs

田中理絵

株式会社電通でステークホルダーの SDGs への取り組みをサポートするプロジェクトチーム。

デザイン・イラスト　STUDIO HOLIDAY

堀内弘誓、安藤きり、今村昼寝、阪沙樹

参考文献・データ

・環境省「みんなで学ぶ、みんなで守る生物多様性」https://www.biodic.go.jp/biodiversity/index.html

「自然環境・生物多様性」https://www.env.go.jp/nature/kisho/hogozoushoku/toki.html

「30 by 30」https://policies.env.go.jp/nature/biodiversity/30by30alliance/

・内閣府（2022）「生物多様性に関する世論調査」 https://survey.gov-online.go.jp/hutai/r04/r04-seibutsutayousei/gairyaku.pdf

・東北森林管理局 Web サイト　https://www.rinya.maff.go.jp/tohoku/syo/huzisato/buna_gaido.html

・POPULATION MATTERS　https://populationmatters.org/biodiversity/

・CONSERVATION INTERNATIONAL　https://www.conservation.org/japan/biodiversity-hotspots

・総合地球環境学研究所　https://www.chikyu.ac.jp/rihn/news/detail/263/

・外務省「JAPAN SDGs Action Platform」https://www.mofa.go.jp/mofaj/gaiko/oda/sdgs/index.html

・WWF ジャパン　https://www.wwf.or.jp/

・Rockström, J., Locke, H. et al.(2021)Nature-positive World: The Global Goal for Nature https://www.naturepositive.org/

みんなで知りたい生物多様性
❶ 生物多様性を知ろう

2024 年 5 月 30 日　第 1 刷発行

企画　電通ダイバーシティ・ラボ

協力　電通 Team SDGs

発行者　佐藤諭史

発行所　文研出版

〒 113-0023　東京都文京区向丘 2 丁目 3 番 10 号

〒 543-0052　大阪市天王寺区大道 4 丁目 3 番 25 号

代表（06）6779-1531　児童書お問い合わせ（03）3814-5187

https://www.shinko-keirin.co.jp/

印刷所 / 製本所　株式会社太洋社

・みんなで知りたい・

生物多様性 全5巻

❶ 生物多様性を知ろう
❷ 着るものを選ぼう
❸ 食べものを知ろう
❹ 住むところを考えよう
❺ 生物多様性と未来

ISBN978-4-580-88772-5

この本は、だれもが読みやすくするために、本文でUD フォントを使用しています。UD フォントはユニバーサルデザインの視点でつくられています。

ISBN978-4-580-82628-1

C8336 / NDC360　40P　26.4cm × 21.7cm